Libro de cocina para niños

Aprende a cocinar fácilmente

Estas recetas fueron probadas por un
equipo de economistas del hogar para
lograr, con cada una,
un alto estándar de calidad
y deliciosos resultados

Grupo Editorial Tomo, S.A. de C.V.
Nicolás San Juan 1043,
03100, México, D.F.

Un niño puede preparar las recetas de este libro sin requerir de la ayuda de un adulto. Las recetas para horno de microondas se probaron en un horno de 600-700 watts. Todas las recetas están explicadas para facilitar su preparación.

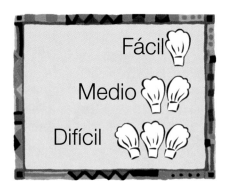

Las recetas están clasificadas para ayudarte a aprender. Si eres novato, quizá prefieras comenzar con las recetas de nivel fácil (1 gorro de chef); si tienes un poco de experiencia, intenta con las recetas de nivel medio (2 gorros de chef) y si eres más experimentado, intenta preparar las recetas de nivel difícil (3 gorros de chef).

CONTENIDO

Cocinar es muy divertido, pero antes de empezar debes organizarte. Lee la receta completa y revisa con atención que tengas todos los ingredientes y el material completo.

Si necesitas usar el horno, enciéndelo antes de comenzar la receta y verifica que tenga la temperatura adecuada. Acomoda las charolas del horno a la altura adecuada antes de encenderlo.

Si la receta requiere ingredientes picados o rallados, prepáralos antes de comenzar. También abre las latas y lava las frutas y las verduras. Engrasa los moldes o charolas que vayas a usar.

Todas las recetas están explicadas paso a paso y son fáciles de seguir. No olvides terminar un paso antes de comenzar con el siguiente.

PUNTOS DE SEGURIDAD IMPORTANTES

Te presentamos unos consejos y tips para que disfrutes cocinando de manera segura.

Antes de comenzar, siempre pídele permiso a un adulto.

✔ Primero que nada, lávate las manos con agua y jabón. Después ponte un delantal para proteger tu ropa y utiliza zapatos cerrados con suela antiderrapante para proteger tus pies.

✔ Reúne todo lo que necesites para preparar la receta antes de comenzar –todos los ingredientes y el equipo de cocina necesario.

✔ A menos de que tengas permiso de utilizar cuchillos, pídele a un adulto que te ayude a picar. Nunca cortes directamente sobre la superficie de la cocina —siempre usa una tabla para picar—. Cuando uses un cuchillo, siempre agárralo del mango, nunca de la hoja. Mantén tus dedos lejos de la hoja cuando piques los ingredientes.

✔ Ten cuidado al lavar cuchillos. Nunca apuntes la hoja del cuchillo hacia ti y guárdalo donde tus hermanos pequeños no puedan alcanzarlo.

✔ Ponte guantes de cocina antes de meter o sacar cualquier cosa del horno. No olvides que todo lo que sacas del horno o quitas de la estufa está muy caliente y tarda en enfriarse.

✔ Cuando estés cocinando coloca los mangos de las sartenes y las ollas hacia los lados para que no los golpees. Agarra bien los mangos de las ollas y sartenes que estén sobre la estufa mientras revuelves la comida y utiliza cucharas de madera o de metal con mango de madera. (Las cucharas de metal pueden calentarse cuando revuelves la comida).

✔ Cuando retires de la estufa ollas y sartenes calientes colócalas sobre una tabla de madera. Nunca pongas una sartén caliente directamente sobre el mueble o mesa de la cocina, a menos que sea de losas de cerámica.

✔ Nunca uses aparatos eléctricos cerca del agua. Siempre ten las manos secas antes de comenzar a usar cualquier aparato.

✔ Ten mucho cuidado con las cacerolas y las sartenes que estén sobre la estufa. Nunca pases el brazo por encima de la comida o de una sartén caliente –el vapor que despide puede quemarte.

✔ No olvides apagar el horno, la plancha, el quemador de la estufa o cualquier otro utensilio cuando hayas terminado de usarlo.

✔ Es muy importante que limpies la cocina cuando termines de cocinar. Guarda todos los ingredientes y los utensilios que hayas usado. Lava los platos —empieza por los que estén menos sucios, como los de vidrio y los tazones, después lava las sartenes y los moldes para hornear que estén más sucios—. Sécalos bien y guárdalos en su lugar. Limpia tu superficie de trabajo con un paño limpio y así seguramente tendrás permiso de cocinar cualquier otro día.

Primeros auxilios en caso de quemaduras

Enfría la parte quemada con agua fría durante diez minutos por lo menos. Trata de que la persona que se quemó esté cómoda, pero no la muevas si la quemadura es grave. Cubre el área quemada con material antiadherente para protegerla y evitar que se infecte. No toques ni quites la ropa pegada.

Si la ropa de alguien se incendia acércate sosteniendo una cobija o abrigo frente a ti. Envuélvelo alrededor de la persona y haz que se acueste. Apaga el fuego.

Si alguien está gravemente herido llama a una ambulancia.

LAS HERRAMIENTAS DEL COCINERO

Existen muchas herramientas útiles para cocinar con más fácilidad. Puedes encontrar cucharas de madera y de metal para revolver, espátulas para mezclar ingredientes, tazones de diferentes tamaños para revolver, coladores para colar y enjuagar los ingredientes y una gran variedad de sartenes y cazuelas para cocer los alimentos. También hay rejillas para enfriar pasteles y galletas, cucharas para medir y espátulas de metal para esparcir de manera uniforme los ingredientes o los toppings sobre los alimentos.

Las recetas de este libro se preparan con los utensilios que se encuentran en la mayoría de las cocinas. Si no estás seguro de tener alguno, pídele a un adulto que te ayude.

ALGUNOS TÉRMINOS SENCILLOS DE COCINA

BATIR: agitar o revolver los ingredientes con una cuchara o batidora eléctrica hasta lograr una consistencia suave.

PUNTO DE EBULLICIÓN: cuando un líquido burbujea y dichas burbujas se revientan al llegar a la superficie, el vapor comienza a surgir de la sartén.

PICAR: cortar cuidadosamente los ingredientes en piezas pequeñas. Picar finamente es cortar los ingredientes lo más pequeño que puedas.

COLAR: eliminar el líquido usando un colador o cedazo, como cuando cocinas espagueti. Hazlo en el fregadero para que el líquido se vaya por el desagüe. Procura que un adulto te ayude porque una olla grande y llena de agua puede ser muy pesada.

RALLAR: frotar el alimento contra el rallador. Hazlo sobre papel encerado. Detén el rallador con una mano y frota el alimento hacia arriba y hacia abajo sobre los orificios del rallador. Así obtienes tiras largas y finas. Para rallar fino usa los orificios más pequeños.

ENGRASAR: untar mantequilla, margarina o aceite para evitar que la comida se pegue al cocinarla.

MACHACAR: aplastar alimentos cocidos o muy maduros con un tenedor o machacador.

SEPARAR LOS HUEVOS: para usar sólo las claras o las yemas. Sostén el huevo sobre un plato pequeño y rompe el cascarón con cuidado con una espátula de metal o un cuchillo de mesa. Deja que el huevo caiga sobre el plato, coloca un vaso pequeño sobre la yema e inclina el plato sobre un recipiente para que la clara caiga en él. Si hay un poco de yema en la clara quítalo con un pedazo del cascarón.

HERVIR A FUEGO LENTO: cocer los ingredientes sobre fuego muy lento para que sólo unas cuantas burbujas aparezcan en la superficie. Cuando la receta pida hervir y después hervir a fuego lento, sólo baja la intensidad del fuego al mínimo.

REBANAR: cortar ingredientes como manzanas, zanahorias y tomates en rodajas o rebanadas finas.

REVOLVER: revolver los ingredientes en un tazón o sartén para mezclarlos.

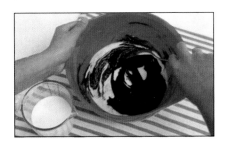

INGREDIENTES COCIDOS

Algunas de las recetas requieren ingredientes cocidos como arroz, pasta y verduras machacadas. Si en el refrigerador de tu casa no hay sobras de ninguno de estos ingredientes tendrás que cocerlos antes de empezar a preparar la receta.
Sigue los pasos que te mostramos a continuación y pide la ayuda de algún adulto si tienes cualquier duda.

PARA COCER ARROZ Y PASTA
Primero debes poner agua a calentar en una cacerola grande. (Usa 2 l de agua para 500 g de pasta.) Agrega al agua 1 cucharada de aceite. Para obtener 2 ½ tazas de arroz o pasta cocidos necesitarás 1 taza de arroz o pasta crudos. Añade el arroz o la pasta al agua hirviendo, revuelve con cuidado y deja que se cueza de 8 a 12 minutos o hasta que esté suave. Puedes pedirle a un adulto que te ayude a colarlo porque es posible que la cacerola llena de agua pese mucho. Usa el arroz o la pasta de inmediato cuando se trate de platillos calientes o enjuágalo bien, bajo el chorro de agua fría, para platillos fríos.

Agrega aceite al agua hirviendo.

Añade la pasta al agua hirviendo; revuelve.

PARA COCER VERDURAS
Lava las verduras, recorta las partes blancas o los tallos, y córtalas como pida la receta. Pon a calentar agua en una cacerola grande, cuando esté hirviendo añade con cuidado las verduras, y déjalas cocer hasta que apenas estén tiernas. Si tienes alguna duda pídele a un adulto que verifique si ya están listas y que te ayude a colarlas.

Para machacar papas o calabazas necesitas cocerlas un poco más hasta que estén suaves y después colarlas. Ponlas en un tazón y muélelas con un tenedor o machacador hasta que tengan consistencia de puré.

Corta en trozos del mismo tamaño.

Cuela las verduras con un colador.

Muele las verduras con un machacador.

CÓMO MEDIR

Medir los ingredientes cuidadosamente ayuda a que la receta salga bien. Para lograrlo vas a necesitar un juego de tazas medidoras para ingredientes secos; por lo general tienen cuatro medidas: 1 taza, ½ taza, 1/3 de taza y ¼ de taza. Se usan para medir ingredientes como harina y azúcar. También vas a necesitar tazas para medir líquidos que por lo general tienen una boca para verter más fácilmente y unas líneas marcadas en los lados que indican las diferentes medidas. Con este tipo de tazas se mide leche, agua y jugo. Las cucharas medidoras se usan para pequeñas cantidades. También tienen marcas y miden 1 cucharada, 1 cucharadita, ½ cucharadita y ¼ de cucharadita.

MEDIDAS DE LÍQUIDOS

Para medir un ingrediente líquido coloca la taza medidora sobre la mesa, agrega un poco de líquido y agáchate para que puedas ver las líneas de las medidas. Verifica que tengas el líquido necesario o si requieres agregar más. Si pusiste líquido de más, pasa el excedente a otro recipiente.

MEDIDAS DE INGREDIENTES SECOS

Es importante que uses la taza medidora adecuada según la receta, en especial si vas a hacer pasteles o galletas. Con una cuchara coloca el ingrediente en la taza y empareja la superficie con una espátula de metal. Para no ensuciar hazlo den-

tro de un tazón o sobre una hoja de papel encerado.

En algunas recetas tendrás que utilizar un poco de matemáticas para obtener la cantidad necesaria. Por ejemplo, si la receta indica 2/3 de taza de harina, sólo mide 1/3 de taza, añádelo a la receta, mide otro 1/3 de taza y añádelo también.

El azúcar mascabado se mide como ingrediente seco; se llena una taza medidora hasta el tope, haciendo un poco de presión, y luego quizá sea necesario que pases una espátula de metal por las orillas de la taza para aflojar el azúcar.

MEDIDAS DE CUCHARAS

Las cucharas medidoras son diferentes a las que usas para comer. Se usan para medir cantidades pequeñas.

Para medir líquidos escoge la cuchara de la medida adecuada para la cantidad que necesitas y con cuidado vierte el líquido en ella. Para evitar que se derrame es buena idea hacerlo sobre una taza o recipiente.

Para medir ingredientes secos llena la cuchara adecuada con el ingrediente seco y con cuidado quita el exceso con una espátula de metal.

MANTEQUILLA Y MARGARINA

Por lo general, la mantequilla y la margarina se miden en gramos. Las barras de mantequilla indican su peso en el empaque. Con un cuchillo pequeño corta el pedazo que necesites y luego lo puedes pesar en una báscula de cocina.

CAPÍTULO 1

BOTANAS Y BEBIDAS

Estas deliciosas recetas son la botana perfecta para disfrutar después de la escuela o para el fin de semana. Son divertidas, fáciles de preparar e ideales para compartir con la familia y los amigos.

TOSTADAS DE QUESO

Porciones 6

1 taza de queso *cheddar*, rallado

2 cucharadas de chutney (es un tipo de mermelada agridulce)

1 cucharada de cebolla, rallada

1 cucharada de salsa de tomate

1 cucharadita de salsa inglesa

25g de mantequilla

6 rebanadas gruesas de pan integral

1

Coloca el queso rallado en un tazón para mezclar.

2

Añade el chutney, cebolla, salsa de tomate y salsa inglesa.

3

En una cacerola pequeña derrite mantequilla. Incorpora al tazon para mezclar.

4

Enciende la parrilla a intensidad alta.

5

Tuesta el pan, solo por un lado.

6

Unta la mezcla del queso sobre el lado sin tostar.

7

Coloca el pan de nuevo bajo la parrilla hasta que el queso se derrita.

8

Corta por la mitad y sirve de inmediato.

Antes de que existiera el tostador, el pan se tostaba sosteniéndolo sobre el fuego con un tenedor de mango largo. El resultado más común era pan ahumado y dedos quemados.

TOSTADAS DE CANELA

Porciones 6

6 cucharadas de azúcar
  extrafina
2 cucharadas de canela
6 rebanadas gruesas de pan
Mantequilla suavizada

1

Coloca el azúcar en una jarra o tarro pequeño.

2
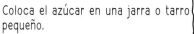
Añade la canela y revuelve bien.

3

Coloca el pan en el tostador.

4

Tuesta hasta que esté dorado.

5

Unta mantequilla de inmediato.

6

Esparce la canela y el azúcar sobre el pan.

7

Corta el pan y sirve.

8

Tapa el tarro y usa después el resto de la canela con azúcar.

PAN CON AJO

Porciones 4

25g de mantequilla
½ cucharadita de sal de ajo
6 rebanadas finas de pan
integral

I

Enciende el horno a 150°C (300°F)

2

Fuego lento

Derrite la mantequilla a fuego lento.

3

Añade el ajo.

4

Unta en cada rebanada de pan.

5

Corta cada rebanada de pan en 3 piezas.

6

Coloca sobre una charola para horno, con la mantequilla hacia arriba.

7

Hornea 30 min.

8

Sirve con sopa caliente.

DIP DE CEBOLLA

Porciones 6 a 8

1 sobre de 45g de sopa de
cebolla estilo francés
2 cucharadas de vinagre
¾ taza de queso crema,
suavizado
1 taza de yogur natural
¼ taza de perejil, picado

1

En un tazón pequeño vacía el sobre de
sopa.

2

Añade el vinagre. Revuelve un poco.

3

Deja reposar 30 min.

4

Incorpora el queso crema.

5

Incorpora el yogur, revuelve bien.

6

Añade el perejil. Tapa el tazón.

7

Refrigera hasta usarlo.

8

Coloca en un platón para servir con
papas fritas o galletas.

Porciones 4

2 bollos para hamburguesa
30g de mantequilla, derretida
¼ taza de salsa de tomate
12 rebanadas de salami, finas

8 rebanadas de queso
 (de 5 x 2 cm)
1 cucharadita de orégano,
 seco

Corta los bollos por la mitad.

Barniza las 4 mitades con mantequilla derretida.

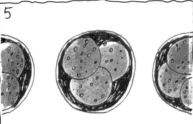

Tuesta ligeramente bajo la parrilla. No la apagues.

Unta salsa de tomate en las mitades tostadas.

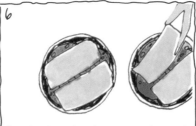

Coloca 3 rebanadas de salami en cada mitad.

Pon 2 rebanadas de queso sobre cada mitad.

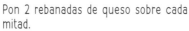

Espolvorea con un poco de orégano.

Coloca de nuevo bajo la parrilla hasta que el queso burbujee

FLOTANTE DE CAFÉ

Porciones 6

2 cucharadas de café, instantáneo

2 cucharadas de azúcar

¾ taza de agua, caliente

1 cucharadita de esencia de vainilla

4 tazas de leche, fría

6 bolas de helado de vainilla

Cocoa en polvo, para espolvorear

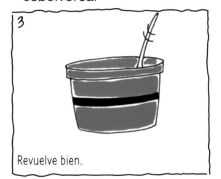

1 Disuelve café y azúcar en el agua caliente.

2 Vierte a un tazón. Agrega la esencia de vainilla y la leche.

3 Revuelve bien.

4 Mételo al congelador hasta que esté muy frío.

5 Bate hasta que esté espumoso.

6 Reparte el helado en 6 vasos altos.

7 Sirve la mezcla en cada vaso.

8 Espolvorea un poco de cocoa. Pon popotes y sirve.

MALTEADA DE PLÁTANO

Porciones 3

1 ½ tazas de leche
1 plátano, mediano
1 cucharada de miel
1 huevo
2 cucharadas de yogur
de plátano
2 bolas de helado de vainilla
2 cubitos de hielo

1

Pon la leche en la licuadora.

2

Pela el plátano.

3

Pica el plátano y ponlo en la licuadora.

4

Agrega miel, huevo y yogur de plátano.

5

Añade el helado y el hielo.

6

Tapa la licuadora. Licúa hasta que esté suave.

7
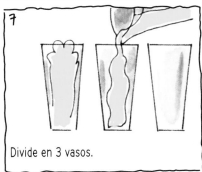
Divide en 3 vasos.

8

Coloca popotes y sirve.

CORDIAL DE LIMÓN

Rinde 1 litro

4 limones, grandes
4 tazas de azúcar
2 tazas de agua
2 cucharaditas de ácido
   cítrico (lo consigues en
   tiendas de repostería)
1 cucharadita de esencia
   de limón

1

Exprime los limones (aprox. 1 taza de jugo).

2

Coloca el jugo en una cacerola grande. Añade el azúcar.

3

Agrega el agua y el ácido cítrico.

4

Deja que empiece a hervir.

5

Fuego medio

Hierve 10 min. ¡No lo hiervas de más!

6

Deja enfriar.

7

Incorpora la esencia de limón.

8

Échalo en 2 botellas esterilizadas con tapa.

Mezcla con limonada o agua para beber.

JUGO DE FRUTAS

Porciones 10

1.250 L de jugo de naranja,
   de lata
425g coctel de frutas, de lata
1 naranja
1 limón
750ml de limonada (fría)

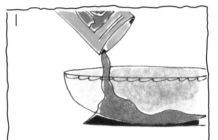

Vierte jugo en un tazón grande.

Añade el coctel de frutas.

Exprime la naranja.

Vierte el jugo de la naranja en el tazón.

Exprime el limón. Añade el jugo al tazón.

Mételo al refrigerador hasta que esté muy frío.

Añade limonada justo antes de servir.

Revuelve y sirve.

CAPÍTULO 2
VERDURAS Y ENSALADAS

Una selección de verduras crujientes y ensaladas frescas son los compañeros perfectos de los platillos principales. Prueba nuestra deliciosa Ensalada Mixta, la refrescante Ensalada de jitomate o las Tortitas de elote.

ENSALADA DE FRIJOLES Y EJOTES

Porciones 6

1 taza de ejotes, cocidos, colados

1 taza de granos de elote, de lata, colados

310g de frijoles bayos, de lata

¼ cucharadita de azúcar
¼ taza de aceite
¼ taza de vinagre blanco
Sal y pimienta

Comensal: Mesero, ¿qué hace esta mosca en mi sopa? Mesero: Nadando.

1. En un plato extendido coloca los ejotes.

2. Añade los elotes. Revuelve.

3. Abre la lata de frijoles, cuélalos bien.

4. Incorpora los frijoles en el plato.

5. Mezcla el azúcar, el aceite y el vinagre hasta que el azúcar se disuelva.

6. Agrega sal y pimienta. Revuelve bien.

7. Vierte sobre la ensalada.

8. Revuelve bien. Refrigera y sirve fría.

ENSALADA DE PAPA

Porciones 6

6 papas, medianas
310g de granos de elote,
   de lata
¼ taza de perejil, picado
Sal y pimienta
1 cucharada de aderezo
   estilo francés
¼ taza de mayonesa

1

Lava las papas hasta que estén limpias.

2

Hierve las papas en agua hasta que estén suaves.

3

Una vez frías, pélalas y córtalas en cubos.

4

En un tazón coloca las papas.

5

Abre la lata de elotes, cuela bien. Incorpora con las papas.

6

Agrega perejil, sal y pimienta.

7

Añade aderezo francés y mayonesa.

8

Mezcla un poco y sirve.

Porciones 6

ADEREZO
¾ taza de leche evaporada
1 cucharadita de azúcar
¼ taza de vinagre blanco
1 huevo
Sal y pimienta
½ col
2 zanahorias, medianas

1

En una cacerola pequeña mezcla la leche, con el azúcar y el vinagre.

2

Añade el huevo, sal y pimienta. Bate hasta que esté suave.

3

Fuego medio

Cuece revolviendo hasta que espese.

4

Deja enfriar. Coloca en un tarro y refrigera.

5

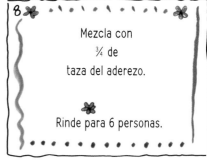

Con un cuchillo filoso corta la col en tiras finas.

6

Mide 3 tazas de col cortada.

7

Ralla las zanahorias. Revuélvelas con la col en un tazón.

8

Mezcla con
¾ de
taza del aderezo.

Rinde para 6 personas.

ENSALADA DE JITOMATE

Porciones 6

4 jitomates maduros,
  medianos
Aderezo
¼ taza de aceite
¼ taza de vinagre blanco

¼ cucharadita de mostaza
  francesa
1 cucharadita de azúcar
  extrafina
Pimienta negra molida

¿Cómo estornuda
un jitomate?
¡¡¡Caaaatsuuup!!!

1
Lava y seca los jitomates. Rebánalos finamente.

2
Acomódalos en un plato extendido.

3
Pon el aceite, el vinagre, la mostaza y el azúcar en un tarro con tapa.

4
Ciérralo bien. Agita el tarro para mezclar.

5
Vierte el aderezo sobre los jitomates.

6
Con un molino muele pimienta negra sobre la ensalada.

7
Tapa. Refrigera durante 1 h. Sirve.

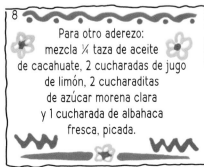

8
Para otro aderezo: mezcla ¼ taza de aceite de cacahuate, 2 cucharadas de jugo de limón, 2 cucharaditas de azúcar morena clara y 1 cucharada de albahaca fresca, picada.

ENSALADA MIXTA

Porciones 6

8 champiñones
1 cucharada de perejil, picado
2 cucharaditas de jugo
  de limón
2 cucharadas de aceite
3 calabacitas

1 pimiento verde
4 jitomates pequeños
5 hojas de menta
¼ taza de aderezo
  estilo francés
Pimienta negra recién molida

1

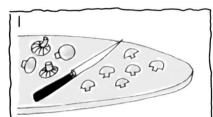

Limpia los champiñones. Rebánalos finamente.

2

Colócalos en un tazón. Añade perejil, jugo de limón y aceite.

3

Fuego alto

Rebana las calabacitas y ponlas a cocer en agua 1 min.

4

Ponlas en un colador y enjuágalas con agua fría. Cuélalas bien.

5

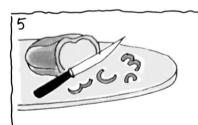

Pica finamente el pimiento.

6

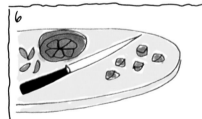

Corta los jitomates en cubos. Pica la menta.

7

Coloca todo en un tazón para ensaladas. Agrega los champiñones.

8

Baña con el aderezo. Añade pimienta. Revuelve un poco. Refrigera y sirve.

CALABAZA GLASEADA

Porciones 6

750g de calabaza
Sal y pimienta
50g de mantequilla
2 cucharadas de jarabe
  dorado
½ taza de pan molido fresco

1

Enciende el horno a 180°C (350°F). Engrasa una charola para horno.

2

Rebana la calabaza en trozos de 3cm de grosor.

3

Acomoda los trozos en la charola.

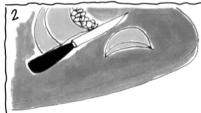

4

Espolvorea con sal y pimienta.

5

Cubre la charola con papel aluminio. Hornea 35 min.

6

Fuego bajo

Derrite la mantequilla y agrega el jarabe dorado. Añade el pan molido.

7

Quita el papel aluminio. Incorpora la mezcla del pan sobre las calabazas.

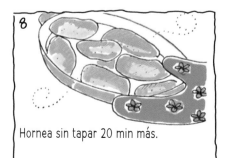

8

Hornea sin tapar 20 min más.

CEBOLLAS CON JITOMATE

Porciones 4

4 cebollas medianas
3 tazas de agua
1 jitomate mediano
Sal y pimienta
2 cucharadas de maicena
¼ taza de agua fría

1 Pela cebolla y córtala en aros. Ponla en una cacerola.

Fuego lento

2 Añade el agua y deja que hierva a fuego lento 20 min.

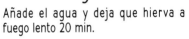

3 Cuela el líquido, reserva ¾ de taza.

4 Rebana finamente el jitomate, ponlo en la cacerola y añade el líquido reservado.

5 *Fuego lento*
Agrega sal y pimienta. Cocina a fuego lento durante 5 min.

6 En una taza mezcla la maicena y el agua fría hasta que estén suaves.

7 *Fuego lento*
Incorpora a la cacerola con los jitomates, poco a poco, y deja en el fuego hasta que empiece a hervir.

8 Es delicioso para acompañar pescado y carne.

TORTITAS DE ELOTE

Porciones 4

310g de granos de elote, de lata
2 huevos
Sal y pimienta
½ taza de harina de trigo
1 cucharadita de polvo para hornear
¼ taza de queso rallado
25g de mantequilla
2 cucharadas de aceite

1

Cuela los elotes, desecha el líquido.

2

En un tazón bate bien los huevos, la sal y la pimienta.

3

Añade la harina y el polvo para hornear. Bate hasta que la mezcla esté suave.

4

Añade los elotes y el queso. Revuelve.

5

Fuego medio

En una sartén derrite la mantequilla y el aceite hasta que burbujee.

6

Fuego medio

Pon cucharadas de la mezcla en la sartén.

7

Cuando las tortitas estén doradas, voltéalas y cuece del otro lado.

8

Escurre sobre papel absorbente y sirve.

Arroz Delicioso

Porciones 6

1 cucharada de aceite
1 cebolla, picada
425g de jitomate en trozos, de lata (con el jugo)
1 cucharadita de caldo de pollo, en polvo
Sal y pimienta

¼ cucharadita de azúcar
310g de elotitos, de lata
3 ½ tazas de arroz cocido
1 taza de chícharos, congelados
1 taza de queso *cheddar*, rallado

Llena a la hora de subir, vacía cuando ha de bajar, indispensable a la hora de desayunar.
(La cuchara)

1. Enciende el horno a 180°C (350°F). Engrasa un refractario para horno.

2. Calienta el aceite en una cacerola. Agrega la cebolla y fríela un poco.

3. Añade el jitomate, el caldo de pollo, sal y pimienta y azúcar.

4. Revuelve a fuego medio durante 7 min.

5. Cuela los elotes. Mézclalos en un tazón con el arroz y los chícharos.

6. Extiende el arroz, los elotes y los chicharos en el refractario.

7. Cúbrelos con la mezcla del jitomate.

8. Espolvorea el queso. Hornea 30 min.

CAPÍTULO 3

POLLO, MARISCOS Y CARNE

Impresiona a tu familia con un rico Pollo con jengibre,
un Salmón Mornay o unas Albóndigas agridulces; o con
cualquiera de nuestras otras recetas,
¡seguramente te pedirán más!

ALITAS DE POLLO

Porciones 4

2 cucharadas de jugo de limón

1/3 taza de salsa de soya

¼ cucharadita de jengibre fresco, recién rallado

10 alitas de pollo

2 cucharadas de miel

2 cucharadas de salsa de tomate

1 En un plato extendido mezcla el jugo de limón, la salsa de soya y el jengibre.

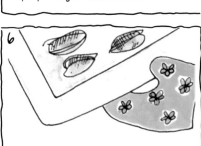

2 Añade las alitas y marínalas con la salsa.

3 Tapa y refrigera durante 5 h.

4 Retira las alitas, reserva la marinada.

5 En una taza mezcla la miel, la salsa de tomate y la marinada reservada.

6 Asa las alitas en la parrilla durante 5 min. Barnízalas con la mezcla de miel.

7 Ásalas 5 min más. Voltéalas nuevamente y barnízalas otra vez.

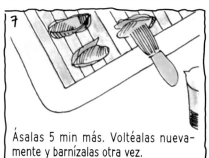

8 Déjalas en la parrilla 10 min más. Sírvelas calientes o frías.

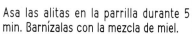

POLLO CON JENGIBRE

Porciones 6

2 pechugas de pollo, enteras
1 cucharadita de maicena
Sal y pimienta
1 cebolla, finamente picada
1 tallo de apio, rebanado
2 cucharaditas de jengibre
   fresco, recién rallado
¼ cucharadita de azúcar
1 cucharada de jerez
2 cucharadas de agua
2 cucharadas de aceite
1 taza de ejotes, finamente
   rebanados

1

Quita el hueso del pollo, rebana finamente la pechuga.

2

Ponla en un tazón. Añade la maicena, sal y pimienta. Reserva.

3

En otro tazón mezcla cebolla y apio.

4

Agrega el jengibre, el azúcar, el jerez y el agua a la mezcla del apio.

5

Fuego alto

En un wok calienta el aceite.

6

Fuego medio

Fríe el pollo, revolviendo hasta que se cueza.

7

Fuego medio

Agrega la mezcla del apio. Fríe bien, revolviendo, hasta que esté bien cocido.

8

Fuego medio

Añade los ejotes. Revuelve hasta que estén calientes. Sirve.

> A un tragón del campo
> le preguntaron a qué
> hora cenaría. Contestó,
> "A las once, a las tres,
> a las cinco y a las siete.
> También a las ocho
> y a las nueve".

POLLO CON VERDURAS

Porciones 4

3 filetes de pechuga de pollo
1 cucharada de aceite
2 tazas de verduras
  congeladas
1 cucharada de maicena

1 cucharada de jerez
¼ taza de jugo de piña
¼ taza de agua
½ taza de piña en almíbar,
  en trozos, colada

El primer libro de cocina fue escrito por un romano llamado Apicio hace como 2000 años y existe hasta la actualidad.

1

Pica el pollo en trozos medianos.

2

En una sartén grande calienta el aceite.

3

Fríe el pollo, revuelve hasta que se dore y comience a cocerse.

4

Agrega las verduras y deja que se cocinen junto con el pollo durante 5 min.

5

En una taza mezcla la maicena, el jerez, el jugo y el agua.

6

Añade la mezcla del jerez al pollo con verduras; revuelve hasta que espese y hierva.

7

Agrega la piña. Sigue revolviendo.

8

Deja que suelte el hervor, sin dejar de revolver. Acompáñalo con arroz.

POLLO A LA PARRILLA

Porciones 4

1 taza de jugo de naranja
2 cucharaditas de ralladura de naranja
½ cucharadita de mostaza seca
½ cucharadita de nuez moscada molida

¼ cucharadita de curry, en polvo
1 cucharada de perejil, picado
½ cucharadita de caldo de pollo, en polvo
Sal y pimienta
4 filetes de pechuga de pollo

Cuando la carne se cocía en una fogata se usaba un mecanismo giratorio para voltearla. El motor era un perro de patas cortas que corría dentro de la rueda —¿se trataría del primer perrito caliente?

1 En un plato extendido mezcla el jugo y la ralladura de naranja con la mostaza.

2 Añade la nuez moscada, el curry, el perejil y el caldo de pollo. Revuelve bien.

3 Agrega sal y pimienta. Añade el pollo y marínalo con el jugo.

4 Cubre el plato con papel encerado.

5 Refrigera durante 2 o 3 h, voltea el pollo 2 o 3 veces.

6 Saca el pollo, colócalo bajo la parrilla.

7 Ásalo ligeramente, voltéalo con frecuencia para que no se queme, durante 30 min.

8 Baña el pollo con el resto de la marinada.

SALMÓN MORNAY

Porciones 4

1 ½ tazas de arroz, cocido
210g de salmón, de lata
1 huevo cocido
50g de mantequilla
2 cucharadas de harina
   de trigo
1 ½ tazas de leche
1/3 taza de queso *cheddar*,
   rallado
Sal y pimienta
¼ taza de pan molido, seco

1

Enciende el horno a 180°C (350°F). Coloca el arroz en un recipiente para horno.

2

Cuela el salmón, quítale las espinas y pícalo. Esparce sobre el arroz.

3

Fuego bajo

Pica el huevo y espárcelo sobre el salmón. Derrite la mantequilla en una sartén pequeña.

4

Añade la harina, revuelve hasta que esté suave. Apaga el fuego. Agrega la leche.

5

Fuego bajo

Vuelve a calentar, sin dejar de revolver hasta que hierva.

6

Agrega el queso, sal y pimienta. Vierte sobre el salmón.

7

Espolvorea el pan encima. Hornea 20 min.

También puedes usar atún en lugar de salmón.

8

Sirve
caliente
con
ensalada.

PASTEL DE ATÚN

Porciones 4

425g de atún, de lata

440g de crema de champiñones, de lata

2 huevos

1 ½ tazas de arroz, cocido

1 cebolla pequeña, finamente picada

1 tallo de apio, rebanado

¼ taza de perejil, picado

1 zanahoria pequeña, rallada

1

Enciende el horno a 210°C (425°F). Engrasa un molde.

2

Forra con papel encerado que cuelgue a ambos lados, ya verás por qué.

3

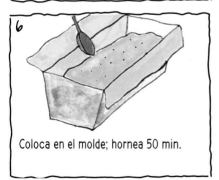

Cuela el atún y desmenúzalo con un tenedor.

4

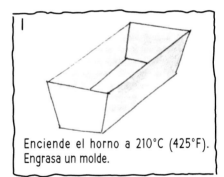

En un tazón mezcla el atún con la crema de champiñones.

5

Agrega los huevos, el arroz, la cebolla, el apio, el perejil y la zanahoria. Mezcla bien.

6

Coloca en el molde; hornea 50 min.

7

Usa el papel para sacarlo del molde, ponlo sobre un plato.

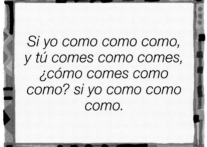

Si yo como como como, y tú comes como comes, ¿cómo comes como como? si yo como como como.

8

Coloca en un platón, rebana y sirve con gajos de limón y ensalada

TORTITAS DE PESCADO

Porciones 6

500g de papas,
  peladas
15g de mantequilla
210g de salmón, de lata
1 huevo
Sal y pimienta

1 cebolla, pelada, finamente
  picada
¼ taza de pan molido, fresco
1 taza de pan molido,
  de paquete
2 cucharadas de aceite

1

Cuece las papas hasta que estén suaves. Retírales el agua.

2

Añade la mantequilla y machácalas bien.

3

Incorpora el huevo y mézclalo con las papas, sal y pimienta. Agrega la cebolla y el pan fresco. Revuelve bien.

4

Con las manos enharinadas haz tortitas.

5

Pon el pan de paquete en un plato; empaniza las tortitas.

6
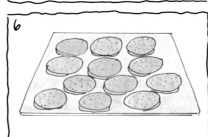
Acomódalas en una charola. Refrigera 1 h.

7

Calienta aceite en una sartén.

8

Fríe las tortitas hasta que se doren por ambos lados. Escurre y sirve.

GUISADO DE RES

Porciones 4

750g de carne de res, magra, para guisado
½ taza de harina
1 cebolla
1 zanahoria
1 cubo de caldo de res
2 tazas de agua caliente

1 cucharada de salsa de tomate
1 cucharada de salsa inglesa
1 cucharada de azúcar morena
1 cucharada de vinagre
½ cucharadita de nuez moscada, molida
Sal y pimienta

Para cubrir la carne colócala en una bolsa de plástico junto con la harina, sella la bolsa y agita bien.

1

Enciende el horno a 180°C (350°F). Quita la grasa de la carne.

2

Corta en cubos medianos.

3

Revuelca la carne en harina.

4

Ponla en una cacerola. Pela y pica la cebolla y la zanahoria, agrégalas a la carne.

5

Disuelve el caldo en agua caliente. Incorpora las salsas.

6

Añade el azúcar, el vinagre, y la nuez moscada, sal y pimienta.

7

Vierte a la cacerola y tapa.

8

Hornea 2 h.

PASTEL DE CARNE

Porciones 6

1kg de carne molida de res, magra
1 taza de *seasoned stuffing mix*
1 taza de puré de tomate
1 huevo
Sal y pimienta
2 cucharadas de salsa de tomate

1 Enciende el horno a 180°C (350°F). Pon la carne en un tazón.

2 Añade el *stuffing mix*, el puré de tomate y el huevo, sal y pimienta.

3 Revuelve hasta obtener una mezcla suave.

4 Con las manos dale forma de rollo.

5 Colócalo en un refractario engrasado y hornea 1 h.

6 Saca el refractario del horno, inclínalo para quitar la grasa.

7 Unta la carne con la salsa de tomate. Regrésala al horno.

8 Hornea 30 min más. Sirve caliente o frío.

ALBÓNDIGAS AGRIDULCES

Porciones 4

ALBÓNDIGAS
500g de carne molida de res, magra
2 cucharadas de harina de trigo
¼ cucharadita de sal
2 cucharadas de aceite

SALSA
1 cebolla pequeña
1 pimiento verde
1 cucharada de aceite
1 cucharada de maicena
1 cucharada de salsa de soya
1 cucharada de vinagre oscuro
2 cucharadas de azúcar morena
1 taza de piña de lata, en trozos
½ taza de jugo de piña

1

Haz 16 albóndigas con la carne. Empanízalas en harina con sal.

2

Fuego medio
Calienta 2 cucharadas de aceite. Fríe las albóndigas hasta que estén bien cocidas.

3

Pela y pica la cebolla. Rebana el pimiento y quítale las semillas.

4
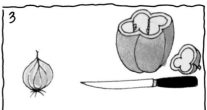
Fuego alto
Calienta 1 cucharada de aceite en una cacerola. Fríe la cebolla y el pimiento 3 min.

5

En un tazón mezcla la maicena, la salsa de soya, el vinagre, el azúcar, la piña y el jugo.

6

Fuego medio
Pon todo en la cacerola y calienta hasta que suelte el hervor, revuelve constantemente. Cocina a fuego medio por 2 min.

7
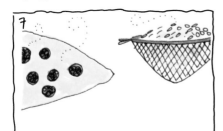
Escurre las albóndigas. Ponlas en un platón con arroz cocido caliente.

Trata de comer con palillos este platillo estilo chino –puede ser una experiencia nueva ¡aunque te manches un poco!

8

Vierte la salsa sobre las albóndigas.

JAMÓN CON PIÑA

Porciones 4

4 aros de piña, de lata, con el jugo

2 cucharadas de azúcar morena

4 filetes de jamón (de 1 cm de grosor)

75g de mantequilla

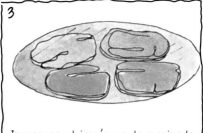

1 Cuela la piña, reserva ½ taza del jugo.

2 En un platón mezcla el jugo y el azúcar.

3 Incorpora el jamón en la marinada. Refrigera por 3 h.

4 Voltea el jamón cada hora.

5 Calienta la mantequilla en una sartén grande. Retira el jamón de la marinada.

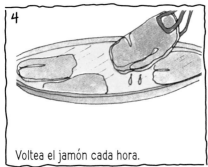

6 Fríe el jamón hasta que se dore. Voltea frecuentemente.

7 Después fríe la piña unos minutos.

8 Sirve con ensalada.

Comienza el día con un lindo detalle y prepara un desayuno especial para tus papás. Usa nuestra lista de sugerencias para el desayuno para que la preparación sea más fácil. No olvides reunir todo lo necesario para las recetas —los ingredientes y el material.

Prepara una charola para servir el desayuno. Recuerda poner un mantel y una servilleta, buenos platos y cubiertos y también una flor del jardín.

El menú de desayunos es para una persona.

Menú para el desayuno

Copa de frutas
Jugo
Huevos cocidos y pan tostado
Jarra de té

Lista de Sugerencias para el desayuno

1 Reúne todo lo que vas a necesitar para la charola:
- un mantel individual y una servilleta
- un tazón pequeño para la copa de frutas
- un vaso para el jugo
- una copa para el huevo cocido y un plato extendido para poner la copa y el pan
- una taza, un plato pequeño y una cuchara
- una flor o el periódico o una revista
2 Prepara la copa de frutas.
3 Pon agua a hervir para los huevos.
4 Exprime las naranjas para el jugo fresco.
5 Pon los huevos en el agua hirviendo.
6 Enciende la tetera.
7 Calienta el agua para el té
8 Prepara la jarra de té (añade leche y azúcar a la jarra).
9 Prepara el pan tostado, saca los huevos y ponlos en el plato para servir.
10 Coloca la copa de frutas, el jugo, los huevos, el pan y la jarra de té en la charola y sírvelo.

Copa de frutas

Puedes usar fruta fresca o de lata. Prueba con fresas y manzanas frescas o con duraznos o peras. Usa gajos de mandarina de lata y uvas frescas o piña de lata con menta fresca.

1 taza de fruta picada

1 cucharada de jugo de naranja

½ cucharadita de azúcar

2 cucharadas de yogur natural

1 Coloca la fruta en un tazón pequeño.
2 Baña la fruta con el jugo y espolvorea el azúcar.
3 Sirve el yogur encima de la fruta.

Jugo fresco

No hay nada mejor para el desayuno que un jugo recién hecho. Usa naranjas o toronjas frescas, o ambas.

2 o 3 naranjas

1 Corta las naranjas a la mitad y con la ayuda de un exprimidor, gíralas hacia la derecha y hacia la izquierda para exprimir el jugo.
2 Sirve el jugo en un vaso alto; ten cuidado de no dejar pasar las semillas. Ponle unos cubos de hielo si quieres que esté muy frío.

HUEVOS COCIDOS Y PAN TOSTADO

Agua
1 o 2 huevos
2 rebanadas de pan
Mantequilla

1 Llena una cacerola pequeña con agua, colócala en la estufa a fuego alto y deja que hierva.
2 Agrega los huevos en el agua hirviendo, con la ayuda de una cuchara. Para un huevo tibio (clara poco cuajada, yema líquida) deja que hierva durante 4 minutos; para un huevo medio cocido (clara cuajada, yema un poco espesa) hierve durante 6 minutos; para un huevo cocido (clara bien cocida, yema bien cocida) hierve durante 11 minutos.
3 Cuando el huevo esté casi listo tuesta el pan y úntale mantequilla o margarina.
4 Cuando los huevos estén listos sácalos del agua con cuidado usando una cuchara coladora. Ponlos en las copas y con una cuchara rompe un poco la parte superior del cascarón. Sirve con el pan caliente con mantequilla.

JARRA DE TÉ

Agua hirviendo
Té en hierbas o en bolsita
Leche
Azúcar

1 Pon agua fresca en una tetera y calienta hasta que hierva, sirve un poco de agua en la jarra (para calentarla). Deja que repose durante unos minutos.
2 Tira el agua de la jarra y vuelve a hervir más en la tetera. Añade 2 cucharadas copeteadas del té (una por cada persona y una para la jarra) vierte el agua hirviendo. Tapa la jarra y deja reposar durante 2 minutos antes de servir.

1 Vierte un poco de agua hirviendo a la jarra para calentarla. Vacíala antes de añadirle el té.

1 Corta las naranjas a la mitad y saca el jugo con un exprimidor.

1 Usa una cuchara para sumergir los huevos en el agua hirviendo.

2 Agrega el té a la jarra: 1 cucharada copeteada por persona y 1 para la jarra.

2 Sirve con cuidado el jugo en un vaso. No dejes pasar las semillas.

2 Rompe el cascarón con una cuchara para quitar la parte superior.

3 Sirve con cuidado el agua hirviendo. Deja reposar 2 minutos antes de servir.

CAPÍTULO 4
PAYS, PASTA Y PIZZAS

Pays, pasta y pizza perfectos –estas delicias satisfacen el apetito de toda la familia. Se preparan fácil y rápidamente y también se comen rápido.

PASTEL DE CEBOLLA

Porciones 6

375g de pasta hojaldrada
¾ taza de queso, rallado
50g de mantequilla
2 cebollas, finamente rebanadas
1 taza de leche evaporada
1 cucharada de harina de trigo
Sal y pimienta
2 huevos

1

Enciende el horno a 190°C (375°F).
Extiende la pasta.

2

Forra un molde para pay de 24cm.
Recorta las orillas.

3

Espolvorea queso en la base. Refrigera
mientras preparas el relleno.

4

Fuego bajo

Derrite mantequilla en una cacerola.

5

Bate la leche, la harina, sal y pimienta y
los huevos en un tazón.

6

Añade las cebollas y la mantequilla.

7

Pon la mezcla en el molde.

8

Hornea 35-40 min o hasta que cuaje.

PAY DE CARNE

Porciones 4

1 cebolla pequeña
500g de carne molida
½ taza de arroz, crudo
1 taza de puré de tomate
Sal y pimienta
3 rebanadas de pan
30g de mantequilla

1

Pica la cebolla finamente. Ponla en una cacerola grande.

2

Añade la carne, el arroz, el puré, sal y pimienta.

3

Mezcla bien.

4

Fuego medio

Deja que hierva sin dejar de revolver.

5

Fuego bajo

Cocina a fuego bajo 30 min, revuelve de vez en cuando.

6

Pásalo a un recipiente extendido.

7

Unta mantequilla en el pan. Córtalo en cubitos. Esparce encima de la carne.

8

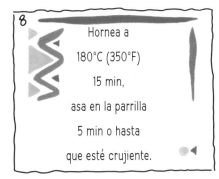

Hornea a
180°C (350°F)
15 min,
asa en la parrilla
5 min o hasta
que esté crujiente.

PAY DE SALCHICHAS

Porciones 6

6 salchichas
Agua hirviendo
375g de pasta hojaldrada
4 huevos
Sal y pimienta

1 Pon las salchichas en una sartén con agua hirviendo. Deja que se enfríen.

2 Rebana las salchichas con cuidado.

3 Divide la pasta en 2. Extiende una mitad y forra un molde rectangular de 25cm

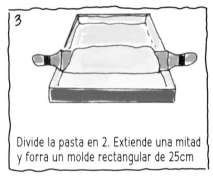

4 Acomoda las salchichas en el molde.

5 Bate los huevos y agrega sal y pimienta. Vierte sobre las salchichas.

6 Extiende el resto de la pasta, colócala sobre las salchichas para cubrirlas.

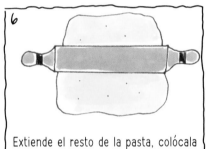

7 Sella las orillas, perfora con un tenedor.

8 Hornea a
190°C (375°F)
45 min.

❀

Sirve caliente o frío.

❀

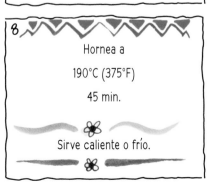

MACARRONES AL HORNO

Porciones 4

1 ½ tazas de macarrones, pequeños
1 cacerola grande con agua hirviendo
4 tiras de tocino
1 cebolla, pelada, picada
440g de sopa de tomate, de lata
½ taza de leche
1 taza de queso rallado

1

Fuego alto

Con cuidado pon los macarrones en el agua hirviendo.

2

Fuego alto

Deja que hierva durante 8 min.

3

Cuela bien. Ponlos en un recipiente para horno.

4

Pica el tocino y fríelo con la cebolla hasta que el tocino se dore.

5

Escurre y añade al recipiente con los macarrones.

6

Incorpora la sopa de tomate, la leche y el queso.

7

Hornea a 190°C (375°F) 45 min.

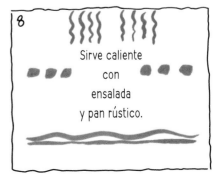

8

Sirve caliente
con
ensalada
y pan rústico.

MACARRONES CON CARNE MOLIDA

Porciones 4

1 cucharada de aceite
1 cebolla, finamente picada
500g de carne de res, molida
Sal y pimienta
425g de tomates de lata, pelados
¾ taza de puré de tomate

1 cucharadita de orégano seco
¼ cucharadita de azúcar
1 taza de agua
1 ½ tazas de pasta de conchitas pequeñas (conchiglie)

Los nombres de algunos tipos de pasta son interesantes. Fettuccine (pequeñas cintas), farfalle (mariposas), penne (plumas) y vermicelli (gusanos pequeños).

1
Fuego medio
Calienta el aceite en una cacerola grande. Fríe la cebolla hasta que esté suave.

2
Fuego medio
Añade la carne. Revuelve hasta que ya no esté roja.

3
Agrega un poco de sal y pimienta; los tomates, el puré, el orégano, el azúcar y el agua.

4
Fuego medio
Revuelve bien hasta que comience a hervir.

5
Fuego bajo
Reduce a fuego bajo y deja hervir 40 min.

6
Fuego alto
Pon los macarrones en una cacerola con agua hirviendo.

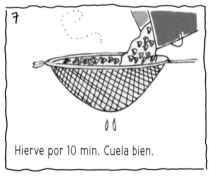

7
Hierve por 10 min. Cuela bien.

8
Pon la pasta en un platón, la carne caliente encima y sirve.

PIZZA

Porciones 4

2 tazas de harina con
⅟₂ cucharadita de polvo
para hornear
¼ cucharadita de sal
30g de mantequilla
1 taza de leche
1 cucharada de aceite

¼ taza de salsa de tomate
2 tazas de queso *cheddar*,
rallado
1 jitomate, finamente rebanado
1 taza de piña, en trozos, colada
1 taza de jamón, finamente
picado (o salami)

Paciente: ¡Doctor!
¡Tengo paperas!
Doctor: Pues tenga 10
pesos más y le alcanza
pa'jamón.

1

Enciende el horno a 220°C (425°F)
Necesitas una charola grande para horno.

2

Cierne la harina y la sal en un tazón.
Pica la mantequilla y añádela.

3

Con los dedos amasa la harina con la
mantequilla hasta que parezcan migajas
de pan.

4

Añade la leche (más si hace falta),
amasa hasta tener una consistencia
suave.

5

Extende la masa sobre la charola hasta
que tenga un diámetro de 34cm.

6

Barniza con el aceite y luego unta la
salsa de tomate.

7

Pon el queso encima y agrega las
rebanadas de jitomate.

8

Por último,
añade la piña y el jamón.

Hornea 20-25 min o
hasta que esté cocida.

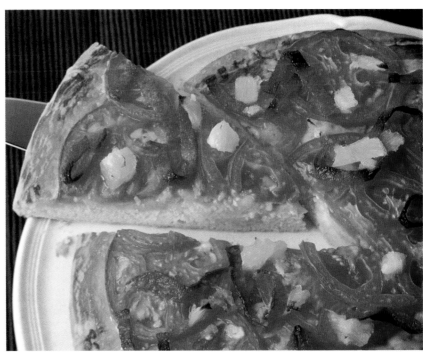

CAPÍTULO 5

COCINA EN EL MICROONDAS

La magia de las microondas nos ayudan a preparar platos principales, sopas, botanas y postres en muy poco tiempo.
Saca el mayor provecho de tu horno de microondas con el Pan con jamón y queso o el Rollo Pavlova.

SOPA DE POLLO CON ELOTITOS

Porciones 6

3 cucharaditas de caldo de
  pollo, en polvo
3 ½ tazas de agua hirviendo
1 taza de pollo, cocido,
  picado

1 lata de crema de elote
2 cucharaditas de maicena
un poco de agua fría
1 cucharada de perejil, picado
pizca de pimienta

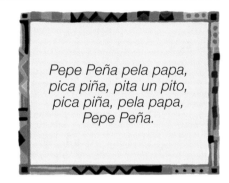

*Pepe Peña pela papa,
pica piña, pita un pito,
pica piña, pela papa,
Pepe Peña.*

1. En un tazón grande pon el caldo de pollo en polvo y el agua hirviendo.

2. Añade el pollo y la crema de elote. Revuelve bien.

3. Cubre con papel absorbente.

4. Mete en el horno de microondas por 6 min o hasta que hierva, revuelve una vez.

5. En una taza mezcla la maicena con un poco de agua fría hasta que esté suave.

6. Incorpora a la sopa. Revuelve bien. Tapa con papel absorbente.

7. Ponlo de nuevo en el horno de microondas, de 1 a 2 min.

8. Añade perejil y pimienta, sirve.

BOTANA DE QUESO

Porciones 1

1 rebanada de pan
2 cucharaditas de salsa
   de tomate o chutney (es un
   tipo de mermelada
   agridulce)
queso

Tuesta el pan.

Unta la salsa de tomate.

Rebana finamente el queso.

Cubre la salsa con el queso.

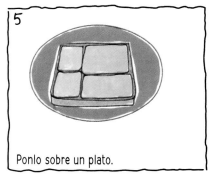

Ponlo sobre un plato.

Métclo al horno de microondas de
18-20 s.

Vigílalo y sácalo cuando el queso se
derrita.

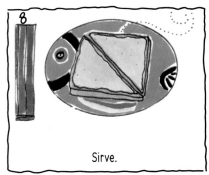

Sirve.

PAN CON JAMÓN Y QUESO

Porciones 6

1 baguete (de 25 cm de largo)
8-10 rebanadas de queso, finas
8-10 rebanadas de jamón

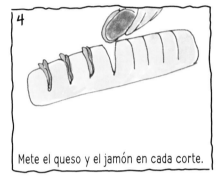

1 Haz 8 o 10 cortes a lo largo del pan (no hasta abajo).

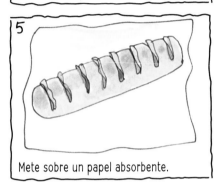

2 Recorta el queso del tamaño del diámetro del pan.

3 Recorta el jamón del mismo tamaño.

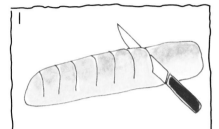

4 Mete el queso y el jamón en cada corte.

5 Mete sobre un papel absorbente.

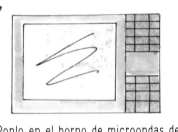

6 Ponlo en el horno de microondas de 1-2 min.

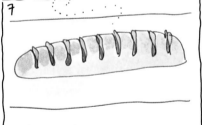

7 Vigílalo y sácalo cuando el queso comience a derretirse.

8 Rebana y sirve.

POLLO CREMOSO

Porciones 4

4 pechugas de pollo
½ cucharadita de paprika
  dulce
1 cebolla, pelada, picada
1 manzana, pelada, picada

440g de crema de
  champiñones, de lata
½ cucharadita de curry,
  en polvo
¾ taza de leche

*"Cómete la sopa
de pollo"
y pollo se quedó
sin sopa.*

Quita la piel del pollo. Una vez limpio, ponlo en un plato.

Espolvorea paprika en el pollo.

Esparce la cebolla y la manzana.

En una jarra revuelve la crema de champiñones, el curry y la leche.

Vierte sobre el pollo. Tapa con plástico adherente.

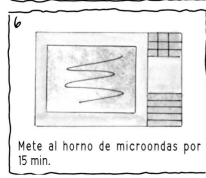

Mete al horno de microondas por 15 min.

Saca del horno, baña con la salsa.

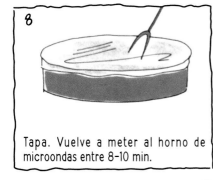

Tapa. Vuelve a meter al horno de microondas entre 8-10 min.

OMELETTE ESPAÑOL

Porciones 4

1 cebolla pequeña, finamente picada
15g de mantequilla
1 papa, cocida, picada
1 jitomate, picado

1 pimiento verde pequeño, finamente picado
Sal y pimienta
3 huevos
2 cucharadas de leche

1
En un tazón pon cebolla y mantequilla.

2

Tapa con plástico adherente. Perfora. Mételo al horno de microondas por 2 min.

3

Añade la papa, el jitomate, el pimiento, sal y pimienta.

4
Agrega los huevos y la leche. Revuelve bien.

5

Vierte a un plato para pay engrasado.

6

Cubre con plástico adherente. Perfora. Mete al horno de microondas 1-2 min.

7

Revuelve el huevo cocido en el centro. Cubre. Mete de nuevo en el horno por 2 min.

8

Revuelve. Mete en el horno sin tapar 1 min. Deja reposar 2 min y sirve.

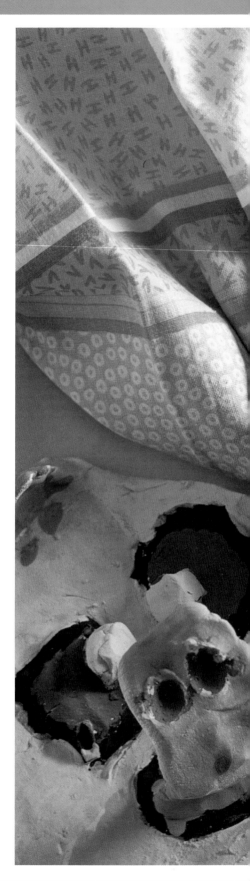

PAPAS CON QUESO

Porciones 6

30g de mantequilla
1 cebolla, pelada, picada
6 papas medianas
Sal y pimienta
2/3 taza de leche
¾ taza de queso *cheddar*,
  rallado

I

En un tazón pon mantequilla y cebolla. Mételo al horno de microondas 3 min.

2

Pela las papas. Rebánalas finamente.

3

Acomoda la mitad de las papas en un recipiente redondo de 22cm.

4

Esparce la mantequilla y la cebolla encima. Añade sal y pimienta.

5

Acomoda el resto de las papas encima.

6

Vierte la leche y esparce el queso encima.

7

Cubre con plástico adherente. Perfora. Mételo al horno de microondas 8 min.

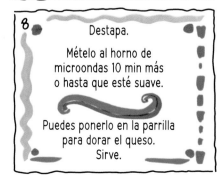

8

Destapa.

Mételo al horno de microondas 10 min más o hasta que esté suave.

Puedes ponerlo en la parrilla para dorar el queso.
Sirve.

ROLLO PAVLOVA

Porciones 6

mantequilla y maicena para
engrasar y cubrir una
charola
4 claras de huevo, a
temperatura ambiente
1 taza de azúcar extrafina
¾ cucharadita de esencia
de vainilla

1 cucharadita de vinagre
blanco
½ taza de coco tostado, y un
poco más para el paso 6
300ml de crema, batida
1 taza de fruta rebanada,
como fresas o plátano

¿Sabías que para
estar sano sólo
necesitas comer
carbohidratos,
proteínas, grasas,
agua, minerales y
vitaminas?

1. Engrasa un poco una charola para microondas de 24x24cm. Forra con papel.

2. Engrasa el papel. Cúbrelo con maicena, agítalo y retira el exceso.

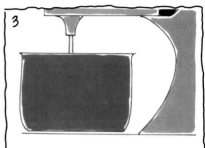

3. Bate las claras hasta que estén firmes.

4. Añade poco a poco el azúcar, no dejes de batir. Incorpora la vainilla y el vinagre.

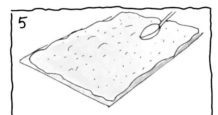

5. Esparce sobre la charola. Espolvorea el coco. Métela al horno de microondas 2 min. Deja enfriar.

6. Espolvorea más coco en el papel encerado. Voltea la Pavlova fría encima.

7. Esparce la crema batida y la fruta.

8. Enrolla y desliza a un platón para servir.

PASTEL DE PIÑA

Rinde 1 pastel de 20 cm

60g de mantequilla
¾ taza de azúcar extrafina
1 cucharadita de esencia de
 vainilla
1 huevo
½ taza de leche
1 taza de piña, machacada
½ taza de coco
1 ½ tazas de harina trigo

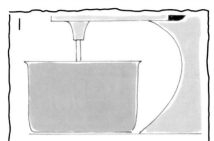

I Bate la mantequilla y el azúcar hasta que tengan consistencia cremosa.

2 Añade la vainilla y el huevo.

3 Agrega la leche, la piña y el coco. Mezcla bien.

4 Cierne harina e incorpórala a la mezcla.

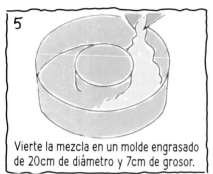

5 Vierte la mezcla en un molde engrasado de 20cm de diámetro y 7cm de grosor.

6 Hornea sobre una rejilla durante 7-8 minutos a temperatura media, sin tapar.

7 Hornea a temperatura alta de 4-5 min más.

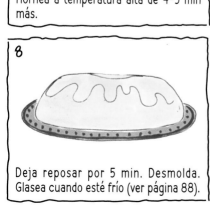

8 Deja reposar por 5 min. Desmolda. Glasea cuando esté frío (ver página 88).

CRUJIENTE DE CHOCOLATE

Rinde 16 rebanadas
aproximadamente

180g de mantequilla
1 taza de hojuelas de maíz
1 taza de coco, deshidratado
¾ taza de azúcar extrafina
1 taza de harina con ¼ cucharadita
   de polvo para hornear
2 cucharadas de cocoa

1

En un tazón pequeño pon la mantequilla, tapa con papel absorbente.

2

Métalo al horno de microondas 2 min, hasta que se derrita.

3

En un tazón coloca las hojuelas, el coco y el azúcar.

4

Cierne la harina y la cocoa.

5

Añade la mantequilla, mezcla bien.

6

Presiona contra un molde cuadrado, previamente engrasado de 20cm.

7
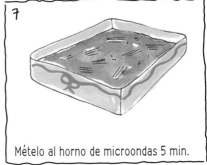
Métalo al horno de microondas 5 min.

8

Antes de que se enfríe ponle una capa de glaseado de chocolate (ver página 91).

CAPÍTULO 6

POSTRES

Los postres son maravillosos finales para completar una rica comida. Prueba el Pudín de manzana, la Delicia de plátano o las Crepas y el Banana Split.

PUDÍN DE MANZANA

Porciones 6

5 manzanas verdes
¼ taza de azúcar
  extrafina
1 cucharadita de ralladura
  de limón
1 cucharada de agua
60g de mantequilla
2 cucharadas de azúcar
  extrafina, extra
1 huevo
½ taza de harina con
  ¼ cucharadita de polvo
  para hornear
crema batida o helado
  para servir

1 Enciende el horno a 180°C (350°F). Engrasa un refractario para hornear.

2 Pela, quita el centro y rebana las manzanas. Ponlas en el refractario.

3 Incorpora el azúcar y la ralladura. Agrega el agua.

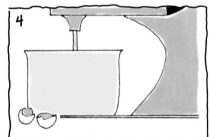

4 Bate la mantequilla, las 2 cucharadas de azúcar y el huevo hasta que estén suaves.

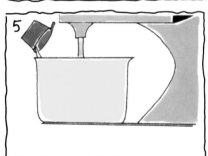

5 Añade la harina, bate bien.

6 Esparce sobre las manzanas.

7 Hornea 30-35 min o hasta que dore.

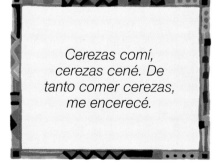

*Cerezas comí,
cerezas cené. De
tanto comer cerezas,
me encerecé.*

8 Sirve caliente con crema batida o helado de vainilla.

MANZANAS HORNEADAS

Porciones 4

4 manzanas verdes

½ taza de dátiles, finamente picados

1 cucharada de nueces de Castilla, picadas

1 cucharada de ralladura de limón

½ taza de agua

½ taza de azúcar morena

30g de mantequilla

¼ cucharadita de canela, molida

¼ cucharadita de nuez moscada, molida

helado o crema batida, para servir

1

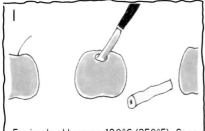

Enciende el horno a 180°C (350°F). Saca el centro de las manzanas.

2

Pela la parte superior de cada una (un cuarto aprox.)

3

Mezcla los dátiles, las nueces y la ralladura. Rellena el centro de las manzanas.

4

Ponlas en un refractario para horno.

5

En una cacerola agrega el agua, el azúcar, la mantequilla, la canela y la nuez moscada.

6

Deja que hierva y vierte sobre las manzanas.

7

Hornea 1 h 15 min; báñalas de vez en cuando con el líquido.

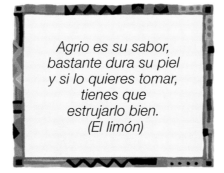

Agrio es su sabor, bastante dura su piel y si lo quieres tomar, tienes que estrujarlo bien.
(El limón)

8

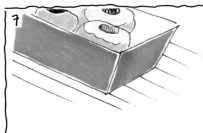

Sírvelas calientes con helado de vainilla o crema batida.

PASTEL VOLTEADO

Porciones 6

125g de mantequilla
¾ taza de azúcar extrafina
1 huevo
2 tazas de harina de trigo
2 cucharaditas de polvo
   para hornear
¾ taza de leche

1 plátano grande, machacado
75g de mantequilla, derretida
½ taza de azúcar morena
1 taza de piña, machacada,
   colada
crema batida para servir

¿Cuál es el colmo
más pequeño?
El colmillo.

1

Enciende el horno a 180°C (350°F).
Prepara un molde cuadrado de 20cm.

2

Bate la mantequilla, el azúcar y el huevo
hasta que la mezcla esté suave. Cierne
la harina y el polvo para hornear.

3

Añade la leche y el plátano.

4

Extiende la mantequilla derretida en la
base del molde.

5

Espolvorea el azúcar morena sobre la
base.

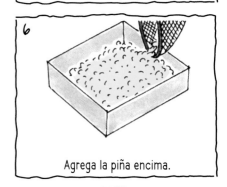

6

Agrega la piña encima.

7

Baña con la mezcla del plátano.
Hornea 1 h.

8

Desmolda sobre un platón. Sirve
caliente con crema batida.

DELICIA DE PLÁTANO

Porciones 6

4 plátanos medianos
1 cucharada de jugo de limón
2 huevos
2 cucharadas de azúcar extrafina
1 taza de coco, deshidratado
2 cucharadas de mermelada
  de durazno
Crema batida o helado para servir

1 Enciende el horno a 180°C (350°F) Pela los plátanos.

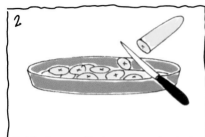

2 Rebánalos y colócalos en un refractario para horno.

3 Báñalos con jugo de limón.

4 En un tazón coloca los huevos y el azúcar. Bate hasta que estén cremosos.

5 Incorpora el coco y la mermelada. Mezcla bien.

6 Vierte sobre los plátanos.

7 Hornea 25 min o hasta que dore.

8 Sirve caliente con helado o crema.

CREPAS

Rinde 12 aproximadamente
1 taza de harina de trigo
Sal
1 huevo
1 ¼ tazas de leche
Aceite para engrasar el molde
Jugo de limón, azúcar, para
   esparcir sobre las crepas
Crema batida o helado,
   para servir

1

Cierne la harina y la sal en un tazón. Agrega el huevo y la leche.

2

¡sin grumos!

Bate hasta que esté suave. Deja reposar 1 h.

3

Fuego medio

Calienta y engrasa una sartén de 20cm.

4

Coloca la mezcla en una jarra para poderla verter más fácilmente.

5

Pon 3 cucharadas de la mezcla en la sartén. Inclínala para esparcirla en toda la superficie.

6

Levanta las orillas con un cuchillo. Voltea cuando esté dorada para cocer del otro lado.

7

Coloca la crepa sobre papel de cocina. Agrega limón y azúcar.

8

Enrolla y sirve calientes con crema batida o el helado que te guste.

CRUMBLE DE FRUTAS

Porciones 6

1 taza de duraznos de lata,
   en rebanadas
1 taza de piña, en trozos
50g de mantequilla
½ taza de azúcar morena
1 taza de salvado
1 taza de hojuelas de maíz
Crema batida o helado
   para servir

1

Enciende el horno a 180°C. Cuela la fruta.

2

Colócala en un refractario para horno.

3

En una cacerola derrite la mantequilla a fuego lento.

4

Retira del fuego, añade el azúcar morena.

5

Agrega el salvado y las hojuelas. Revuelve bien.

6

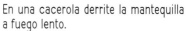

Esparce sobre la fruta.

7

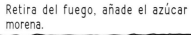
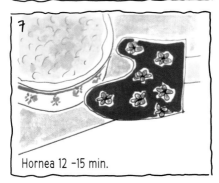

Hornea 12 –15 min.

8

Sirve caliente con crema batida o helado.

PUDÍN AL VAPOR

Porciones 6

½ taza de mermelada de fresa
60g de mantequilla
½ taza de azúcar extrafina
1 huevo

1 ½ tazas de harina de trigo
1 cucharadita de polvo para
  hornear
½ taza de leche

1 Engrasa un tazón para pudin de 4 tazas. Unta la mermelada en la base.

2 Bate la mantequilla, el azúcar y el huevo hasta que estén cremosos.

3 Cierne la harina y el polvo para hornear. Añade la leche y mezcla bien.

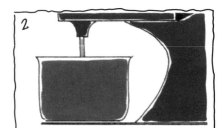

4 Vierte sobre la mermelada en el tazón.

5 Tapa con papel aluminio, presiona las orillas para sellar. Haz agarraderas con hilo.

Fuego alto

6 Sumerge dentro una cacerola grande con 5cm de agua hirviendo.

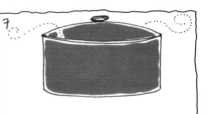

7 Tapa la cacerola, baja a fuego lento y hierve por 1 h 15 min. Pon más agua si es necesario.

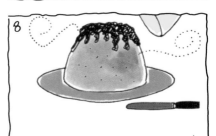

8 Pasa un cuchillo por la orilla del pudín. Voltea sobre un plato para servir.

SUNDAE DE CHOCOLATE

Porciones 4

1 cucharadita de maicena
2 cucharadas de cocoa
25g de mantequilla
1/3 taza de jarabe dorado
¼ taza de agua
4 bolas de helado de vainilla
Nueces de Castilla, picadas
  (opcional)

1 En una cacerola pequeña mezcla la maicena y la cocoa.

2 Agrega la mantequilla y el jarabe.

3 Añade el agua.

4 Fuego bajo. Derrite todo.

5 Fuego bajo. Revuelve bien, deja que hierva.

6 Pon una bola de helado en seis copas.

7 Baña cada una con un poco de salsa caliente.

8 Espolvorea un poco de nueces encima.

CHOCO BANANA SPLIT

Porciones 4

¾ taza de azúcar extrafina
3 cucharadas de cocoa
2 cucharadas de agua
¾ taza de leche evaporada
2 cucharadas de mantequilla
½ cucharadita de esencia de vainilla
4 plátanos medianos
4 bolas de helado de vainilla

1 En una cacerola pequeña pon el azúcar, la cocoa y el agua.

2 *Fuego bajo*
Añade la leche. Revuelve hasta que comience a hervir.

3 *Fuego bajo*
Hierve a fuego bajo durante 5 min. Añade la mantequilla y la vainilla.

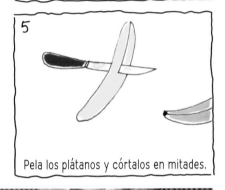

4 Deja enfriar 10 min.

5 Pela los plátanos y córtalos en mitades.

6 Pon 2 mitades en cada plato para sundae.

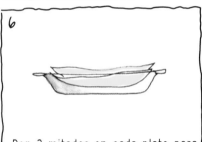

7 Agrega una bola de helado en cada plato.

8 Baña con salsa de chocolate y sirve.

TRIÁNGULOS DE MANZANA

Porciones 6

200g de pasta hojaldrada, aproximadamente

2 manzanas verdes

2 cucharadas de azúcar extrafina

2 cucharadas de canela molida

1

Enciende el horno a 190°C (375°F). Extiende finamente la pasta hojaldrada.

2

Córtala en cuadros de 14x14cm.

3

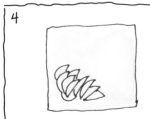

Pela las manzanas, quítales el centro. Córtalas en cuartos y luego rebánalas finamente.

4

Pon unas rebanadas en una esquina de la pasta.

5

Espolvorea las manzanas con 1 cucharadita de azúcar y 1 pizca de canela.

6

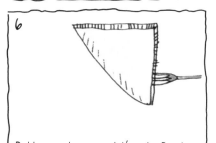

Dobla para hacer un triángulo. Presiona las orillas con un tenedor para sellar.

7

Perfora la parte superior, espolvorea con azúcar.

8

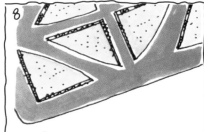

Acomódalas en una charola. Hornea 20 min.

FLAN DE FRUTA

Porciones 6

½ taza de agua fría
1 cucharada de grenetina
¼ taza de harina de trigo
¾ taza de azúcar extrafina
½ taza de jugo de manzana
1 cucharadita de jugo de limón
1 taza de agua caliente
pulpa de 4 maracuyás
yogur natural, para servir

1

Mezcla el agua fría con la grenetina. Reserva.

2

En una cacerola pequeña pon la harina y el azúcar. Añade el jugo de manzana. Bate bien.

3

Añade el jugo de limón y el agua caliente. Bate.

4

Fuego alto
Revuelve hasta que espese y burbujee.

5

Retira del fuego. Añade la grenetina. Sigue batiendo.

6
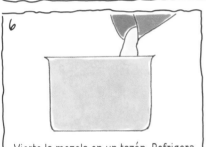
Vierte la mezcla en un tazón. Refrigera hasta que espese. ¡Que NO cuaje!

7

Bate nuevamente 5 min hasta que esté muy espeso y de color pálido.

8

Añade ¾ de la pulpa de maracuyá. Sirve en vasos y refrigera para que cuaje.

Sirve con yogur y el resto de la pulpa.

CAPÍTULO 7

PASTELES

Recetas súper deliciosas que van desde un rico Pastel de chocolate, hasta un saludable Pastel de zanahoria y un Pastel de cumpleaños para ocasiones especiales.

PASTEL DE ZANAHORIA

Rinde 1 pastel de 20 cm

1 ½ tazas de azúcar glas
1 taza de aceite
4 huevos
3 tazas de zanahoria, rallada
2 tazas de harina integral
   con ½ cucharadita de polvo
   para hornear
1 cucharadita de canela, molida

1. Enciende el horno a 180°C (350°F). Engrasa un molde de 20cm, forra la base con papel encerado.

2. En un tazón bate bien el azúcar y el aceite.

3. Añade los huevos. Sigue batiendo.

4. En un tazón grande pon la zanahoria.

5. Cierne la harina y la canela.

6. Incorpora la mezcla del huevo. Bate bien.

7. Coloca en el molde y hornea 1 h 10 min.

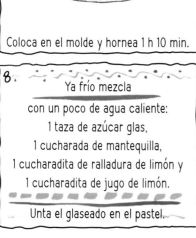

8. Ya frío mezcla
con un poco de agua caliente:
1 taza de azúcar glas,
1 cucharada de mantequilla,
1 cucharadita de ralladura de limón y
1 cucharadita de jugo de limón.

Unta el glaseado en el pastel.

PASTEL DE CHOCOLATE

Rinde 1 pastel de 20 cm

125g de mantequilla
¾ taza de azúcar extrafina
2 huevos
1 cucharada de jarabe dorado
1 cucharadita de esencia de vainilla
1 taza de leche
1 ½ tazas de harina con ½ cucharadita
    de polvo para hornear
2 tazas de cocoa

1 Enciende el horno a 180°C (350°F)
Engrasa un molde de 20cm.

2 Forra la base con papel encerado
engrasado.

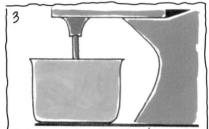

3 Bate la mantequilla, el azúcar y los
huevos hasta que la mezcla esté suave y
cremosa.

4 Añade el jarabe y la vainilla.

5 Incorpora la leche.

6 Cierne la harina y la cocoa. Mezcla
con todo lo demás.

7 Vierte al molde. Hornea 45-55 min.

8 Espera 10 min y desmolda.

Deja enfriar bien.

Úntalo con el glaseado de chocolate
de la página 91.

PASTEL DE PLÁTANO

Rinde 1 pastel de 20 cm

60g de mantequilla
½ taza de azúcar extrafina
1 huevo
1 cucharadita de esencia de vainilla
1 taza de harina con ¼ cucharadita
   de polvo para hornear
¼ taza de leche
1 plátano maduro, machacado
Glaseado, (ver página 88)

1

Enciende el horno a 180°C (350°F). Engrasa un molde de rosca de 20cm.

2

Espolvorea harina en el interior del molde.

3

Fuego bajo

En una cacerola grande derrite la mantequilla. Que no hierva.

4

Apaga el fuego, añade el azúcar, el huevo y la vainilla.

5

Bate bien con una cuchara de madera hasta que la mezcla esté suave.

6

Cierne harina, pero ¡no la revuelvas todavía!

7

Añade la leche y el plátano. Revuelve todos los ingredientes hasta mezclar apenas.

8

Esparce en el molde. Hornea 30 min. Glasea cuando esté frío.

FUDGE DE CHOCOLATE

Rinde 1 pastel de 20 cm

1 ½ tazas de harina con
   ½ cucharadita de polvo
   para hornear
3 cucharadas de cocoa
1 taza de azúcar extrafina
1 taza de agua
1 cucharadita de esencia de vainilla
1 cucharadita de vinagre blanco
½ taza de aceite vegetal

1

Enciende el horno a 180°C (350°F).
Engrasa un molde de rosca de 20cm.

2

Espolvorea el interior con un poco de
harina.

3

En un tazón pon la harina, la cocoa, el
azúcar y el agua.

4

Agrega la vainilla, el vinagre y el aceite.

5

Mezcla bien con un batidor de mano.

6

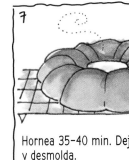

Vierte al molde cuando esté suave.

7

Hornea 35–40 min. Deja enfriar 10 min
y desmolda.

8 ～～～ Glaseado ～～～

Con un poco de agua caliente mezcla

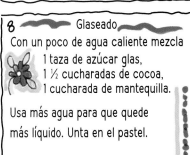

1 taza de azúcar glas,
1 ½ cucharadas de cocoa,
1 cucharada de mantequilla.

Usa más agua para que quede
más líquido. Unta en el pastel.

PAN DE CHABACANOS

Rinde 1 barra de pan

½ taza de chabacanos deshidratados, finamente picados
½ taza de leche
125g de mantequilla
½ taza de azúcar extrafina
3 huevos

2 tazas de harina con ½ cucharadita de polvo para hornear
1 cucharadita de ralladura de limón
¼ taza de nueces de Castilla, picadas

1. En un tazón pon los chabacanos y la leche. Déjalos reposar por 30 min.

2. Enciende el horno a 180°C (350°F) Engrasa un molde para pan de 21x14cm.

3. Bate la mantequilla y el azúcar hasta que esté suave y cremosa.

4. Añade los huevos. Sigue batiendo.

5. Incorpora los chabacanos y la leche. Añade la ralladura.

6. Cierne la harina. Mezcla todos los ingredientes.

7. Pon la mezcla en el molde.

8. Espolvorea nueces encima. Hornea 55-60 min.

PASTEL DE CUMPLEAÑOS

Rinde 1 pastel de 20cm

125g de mantequilla
¾ taza de azúcar extrafina
2 huevos, ligeramente batidos
1 cucharadita de esencia de vainilla
2 tazas de harina con
   ½ cucharadita de polvo
   para hornear
½ taza de leche

1

Enciende el horno a 180°C. Engrasa un molde redondo de 20cm. Forra la base con papel encerado.

2

Bate la mantequilla y el azúcar hasta que esté suave y cremosa.

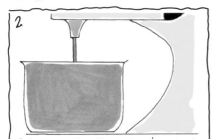

3

Añade los huevos gradualmente. Sigue batiendo.

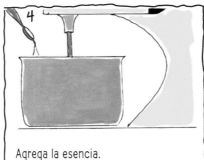

4

Agrega la esencia.

5

Alterna cucharadas de harina y leche hasta terminarlas.

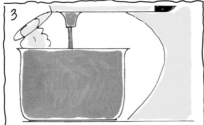

6

Revuelve hasta que esté suave. Pon en el molde. Hornea 40 min.

7

Encaja un palillo largo en el centro, si sale limpio es que ya está listo.

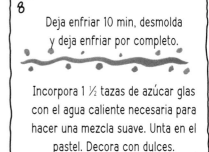

8

Deja enfriar 10 min, desmolda y deja enfriar por completo.

Incorpora 1 ½ tazas de azúcar glas con el agua caliente necesaria para hacer una mezcla suave. Unta en el pastel. Decora con dulces.

En tu propia cocina puedes crear regalos maravillosos —es fácil y divertido—. Te presentamos las recetas para preparar Fudge, Cubitos de coco y Trufas de ron, aunque también puedes regalar cualquiera de los pasteles, galletas y rebanadas de los otros capítulos. Cada vez que tengas un cumpleaños, celebración o festejo escoge alguna de estas delicias para hacer un regalo diferente.

Ten cuidado al preparar los dulces porque las mezclas que necesitan hornearse se calientan mucho.

Para presentar tus regalos usa papel celofán transparente o de colores, papel de china, papel impreso (o píntalo tú mismo), cajas decoradas, canastas o latas adornadas. También necesitarás moños y listones de colores brillantes. Crea las tarjetas con papel blanco o cartón y dibuja flores o trazos junto con el nombre de la persona festejada.

FUDGE SUAVE

125g de chocolate de leche
50g de mantequilla
¼ taza de leche evaporada
3 tazas de azúcar glas

1 Engrasa ligeramente un molde cuadrado de 20cm.
2 Corta en pedazos el chocolate. Ponlo en baño maría.
3 Incorpora la mantequilla con el chocolate; revuelve hasta que se derritan.
4 Retira del fuego. Añade la leche evaporada.
5 Cierne el azúcar glas. Mezcla bien.
6 Presiona contra la base del molde.
7 Refrigera para que cuaje.
8 Corta en cubos pequeños.

Quita del fuego el chocolate y la mantequilla derretidos.

Cierne el azúcar y revuelve bien.

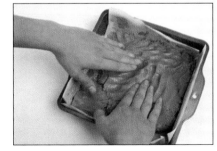

Presiona contra la base del molde cuadrado.

CUBITOS DE COCO

2 tazas de azúcar glas
3 ½ tazas de coco deshidratado
400g de leche condensada
2-3 gotas de colorante vegetal rojo

1. Engrasa ligeramente un molde cuadrado de 20cm. Forra con papel encerado.
2. Cierne el azúcar glas en un tazón, añade la mitad del coco. Haz un pozo en el centro y agrega la leche condensada.
3. Revuelve con una cuchara de madera, añade el resto del coco, mezcla con las manos.
4. Pon la mitad de la mezcla en otro tazón, agrega colorante y amasa hasta que el color sea uniforme.
5. Presiona la mezcla rosa contra el molde preparado, presiona la mezcla blanca encima. Empareja la superficie con el dorso de una cuchara.
6. Refrigera durante 1 hora hasta que la mezcla cuaje. Corta en cubitos para servir.

Añade leche condensada.

Amasa hasta que el color sea uniforme.

Corta en cubos.

TRUFAS DE RON

1 taza de panqué desmoronado
3 cucharadas de azúcar extrafina
70g de almendras, molidas
1 cucharadita de cocoa
2 cucharadas de chocolate, rallado
1 yema de huevo
1 cucharada de ron
70g de grajeas de chocolate
20 capacillos

1. En un tazón pon las moronas de panqué, el azúcar y las almendras.
2. Añade la cocoa, el chocolate, la yema y el ron.
3. Mezcla hasta formar una pasta suave.
4. Divide en cucharaditas pequeñas.
5. Con las manos frías y secas forma pelotitas.
6. Revuelca las pelotitas en las grajeas de chocolate.
7. Coloca cada trufa en un capacillo.
8. Ponlas en un recipiente tapado, refrigera hasta que estén firmes. Pueden estar refrigeradas hasta 10 días.

Divide la mezcla en cucharitas.

Forma pelotitas con cada cucharada.

Revuelca cada bolita en las grajeas para cubrir bien.

CAPÍTULO 8
GALLETAS Y REBANADAS

Aquí encontrarás todo tipo de galletas y rebanadas dulces para rellenar los frascos de galletas. Disfruta las Galletas de limón, las Rebanadas de chocolate, los Muffins de manzana o los deliciosos Brownies.

GALLETAS DE LIMÓN

Rinde 48 aproximadamente

¼ taza de leche
1 cucharadita de vinagre
125g de mantequilla
¾ taza de azúcar
1 huevo
1 cucharadita de ralladura
  de limón

1 ¾ taza de harina
  de trigo
1 cucharadita de polvo
  para hornear
¼ cucharadita de sal

*Choco con un tren,
late mi corazón.
Quien no sepa mi
nombre es un cabezón.
(El chocolate)*

1
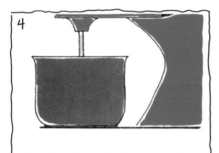
Enciende el horno a 180°C (350°F). En una taza mezcla la leche y el vinagre. Deja que se agrie.

2
Bate la mantequilla, el azúcar, el huevo y la ralladura hasta que esté suave.

3

Cierne la harina con el polvo para hornear y la sal.

4
Añade la leche agria. Mezcla muy bien.

5
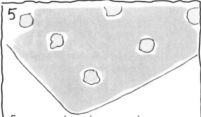
En una charola para horno pon cucharaditas de la mezcla, separadas 5cm.

6
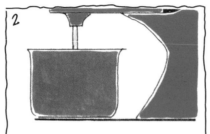
Hornea 12 min o hasta que las galletas estén doradas. (Hornea 1 charola a la vez).

7

Retíralas de la charola. Enfría sobre una rejilla.

8 ●●●● Glaseado: ●●●●
Mezcla ½ taza de azúcar glas con
2 cucharadas de jugo de limón
hasta que se haga una mezcla suave.

Unta sobre las galletas calientes.
● Deja enfriar. ●

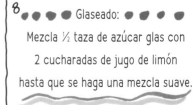

GALLETAS DE COCO

Rinde 40 aproximadamente

125g de mantequilla
¾ taza de azúcar extrafina
1 huevo
1 cucharadita de esencia de vainilla
1 cucharada de vinagre blanco
1 taza de coco seco
2 tazas de harina con ½ cucharadita
   de polvo para hornear
½ taza de coco extra

1 Enciende el horno a 180°C (350°F). Engrasa una charola para horno.

2 Bate la mantequilla, el azúcar, el huevo y la vainilla hasta que esté suave.

3 Incorpora el vinagre.

4 Añade el coco. Cierne la harina e incorpórala con los demás ingredientes.

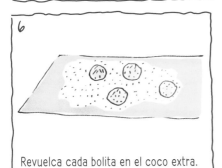

5 Llena cucharadas con la mezcla y haz bolitas.

6 Revuelca cada bolita en el coco extra.

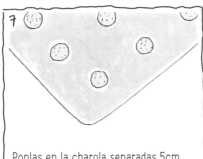

7 Ponlas en la charola separadas 5cm.

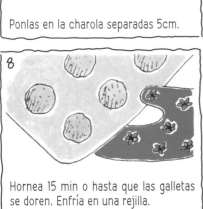

8 Hornea 15 min o hasta que las galletas se doren. Enfría en una rejilla.

REBANADAS DE LIMÓN

Rinde 14 rebanadas aproximadamente

100g de mantequilla
¼ taza de azúcar glas
1 taza de harina de trigo

TOPPING

2 huevos
2 cucharadas de jugo
  de limón
2 cucharaditas de ralladura
  de limón
1 taza de azúcar extrafina
2 cucharadas de harina
  de trigo
½ cucharadita de polvo
  para hornear
1 cucharada de azúcar glas

1 Enciende el horno a 180°C (350°F). Engrasa un molde de 30x20cm.

2 Bate la mantequilla y el azúcar hasta que esté suave.

3 Cierne 1 taza de harina. Incorpora la mantequilla y el azúcar para formar una masa suave.

4 Presiona contra el molde. Hornea 20 min. Deja enfriar.

5 Topping: Bate los huevos. Añade el jugo y la ralladura de limón.

6 Cierne el azúcar extrafina, la harina y el polvo para hornear. Mezcla bien.

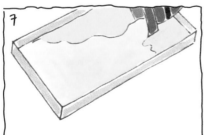

7 Vierte el topping sobre la base. Hornea 25 min.

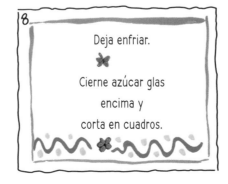

8 Deja enfriar.

Cierne azúcar glas

encima y

corta en cuadros.

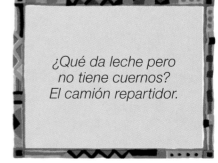

¿Qué da leche pero no tiene cuernos? El camión repartidor.

REBANADAS DE CHOCOLATE

Rinde 20 rebanadas aproximadamente

250g de mantequilla
1 taza de azúcar extrafina
3 cucharadas de cocoa
1 huevo, ligeramente batido
2 tazas de coco deshidratado
2 tazas de hojuelas de maíz, machacadas
2 tazas de harina de trigo
2 cucharaditas de polvo para hornear
1 cucharadita de esencia de vainilla

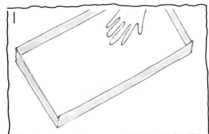

1 Enciende el horno a 180°C (350°F). Engrasa un molde de 30x20cm.

2 *Fuego muy bajo*

En una cacerola grande derrite la mantequilla.

3 Aparta del fuego. Incorpora el azúcar y la cocoa.

4 Cuando estén disueltas añade el coco y las hojuelas.

5 Añade la harina, el polvo para hornear y la vainilla.

6 Mezcla todo muy bien.

7 Con las manos presiona la mezcla contra el molde.

8 Hornea 20 min. Ya frío decora con el glaseado de chocolate, (pág. 91).

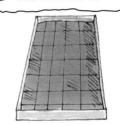

BROWNIES

Rinde 20 aproximadamente

200g de mantequilla
½ taza de cocoa
2 tazas de azúcar morena
1 cucharadita de esencia
de vainilla
1 taza de harina de trigo
2 huevos
½ taza de nueces de Castilla,
picadas

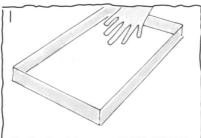

1 Enciende el horno a 180°C (350°F). Engrasa un molde de 30x20cm.

2 *Fuego muy bajo*
En una cacerola grande pon la mantequilla y la cocoa. Derrite sin dejar que hierva.

3 *Fuego muy bajo*
Añade el azúcar y la vainilla. Revuelve muy bien.

4 Retira del fuego. Incorpora la harina.

5 Añade los huevos.

6 Agrega las nueces y sigue revolviendo.

7 Esparce en el molde. Hornea 20-25 min.

8 Ya frío unta el glaseado de la pág. 91.

GALLETAS ANZAC

Rinde 25 aproximadamente

2 tazas de copos de avena
2 tazas de harina de trigo
2 tazas de coco deshidratado
1 ½ tazas de azúcar extrafina
250g de mantequilla
4 cucharadas de jarabe dorado
1 cucharadita de bicarbonato
  de sodio
2 cucharadas de agua hirviendo

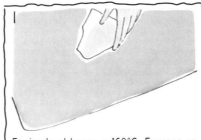

1. Enciende el horno a 160°C. Engrasa un poco las charolas para hornear.

2. En un tazón mezcla la avena, la harina, el coco y el azúcar.

3. Derrite la mantequilla y el jarabe en una cacerola. Revuelve bien y retira del fuego.

4. En una taza mezcla el bicarbonato y el agua hirviendo.

5. Añádelo a la cacerola con la mantequilla.

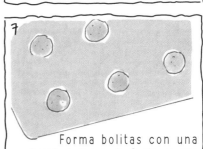

6. Rápido incorpora la mezcla de la cacerola al tazón. Mezcla bien.

7. Forma bolitas con una cucharada de la mezcla. Ponlas en una charola, separadas 5 cm.

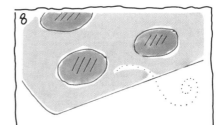

8. Presiónalas un poco con un tenedor. Hornea 20 min, una charola a la vez.

103

REBANADAS DE FRAMBUESA

Rinde 24 aproximadamente

125g de mantequilla
½ taza de azúcar extrafina
1 huevo
1 ½ tazas de harina de trigo
1 cucharadita de polvo para hornear
½ taza de mermelada de frambuesa

TOPPING
1 huevo
¼ taza de azúcar extrafina
1 taza de coco deshidratado.

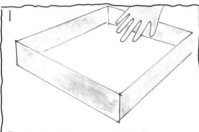

1. Enciende el horno a 180°C. Engrasa un molde cuadrado de 20cm.

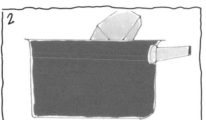

2. Derrite ligeramente la mantequilla en una cacerola grande. Revuelve un poco, quita del fuego.

3. Añade ½ taza de azúcar y 1 huevo. Bate muy bien.

4. Cierne la harina y el polvo para hornear. Sigue batiendo.

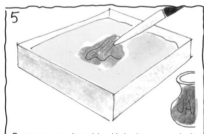

5. Esparce en el molde. Unta la mermelada encima.

6. Topping: En un tazón pon 1 huevo, ¼ taza de azúcar y 1 taza de coco. Mezcla bien.

7. Esparce el topping encima.

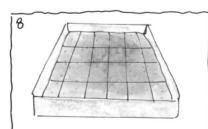

8. Hornea 30 min. Deja enfriar en el molde, rebana.

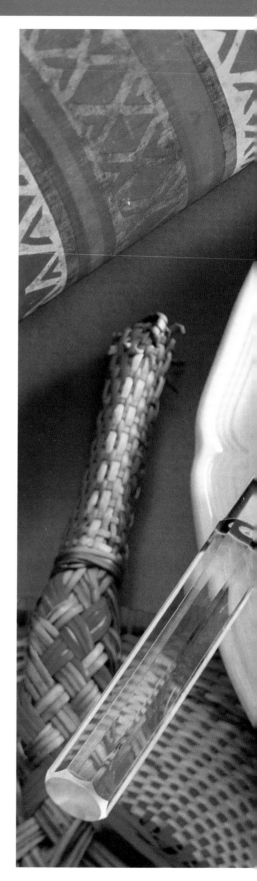

MUFFINS DE MANZANA

Rinde 12 aproximadamente

1 taza de harina integral con ¼ cucharadita de polvo para hornear
½ taza de azúcar morena
½ taza de salvado
½ cucharadita de canela

¼ taza de nueces pecanas, picadas
1 manzanas verdes grandes
1 huevo
2/3 taza de leche
60g de mantequilla

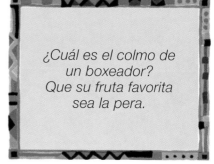

¿Cuál es el colmo de un boxeador?
Que su fruta favorita sea la pera.

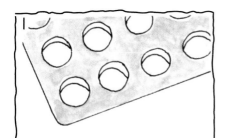

1. Enciende el horno a 220°C (425°F). Engrasa 12 moldes para muffin.

2. Cierne la harina en un tazón. Añade el azúcar, el salvado, la canela y las nueces.

3. Pela y ralla las manzanas. Añádelas al tazón.

4. En una jarra bate el huevo, la leche y la mantequilla derretida.

5. Añade todo al tazón. Mezcla con un tenedor.

6. Revuelve bien. La mezcla debe tener una apariencia grumosa.

7. Pon la mezcla en los moldes sin llenar por completo.

8. Hornea 15-20 min o hasta que estén dorados.

Sírvelos calientes con mantequilla y mermelada (opcional)

PASTELITOS

Rinde 30 aproximadamente

2 tazas de harina con ½ cucharadita
   de polvo para hornear
¾ taza de azúcar
125g de mantequilla suave
3 huevos
½ taza de leche
½ cucharadita de esencia
   de vainilla

1

Enciende el horno a 180°C (350°F).
Prepara 30 capacillos.

2

Cierne la harina y el azúcar en un
tazón.

3

Añade la mantequilla, los huevos, la
leche y la vainilla.

4

Bate muy rápido hasta que la mezcla
esté muy suave.

5

Rellena cada capacillo a ¾ de su
capacidad.

6

Hornea 15 min hasta que doren.

7

Enfría en una rejilla y glaséalos.

8 • • Glaseado: • • • •

Mezcla ¾ taza de azúcar glas,
1 cucharadita de cocoa o
2-3 gotas de colorante
vegetal rosa,
1 cucharada de mantequilla
con un poco de agua caliente
hasta que esté muy suave.

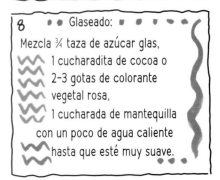

ROLES DE PLÁTANO

Rinde 12

60g de mantequilla
½ taza de azúcar morena } Paso 1
2 cucharadas de pasitas
2 ¼ tazas de harina de trigo
2 cucharaditas de polvo
  para hornear
30g de mantequilla (paso 3)

2 plátanos maduros,
  machacados
½ taza de leche
30g de mantequilla,
  derretida } Paso 6
2 cucharadas de
  azúcar morena

¿Qué es lo que pones en la mesa, que lo cortas pero no te lo comes? La baraja

1. Enciende el horno a 190°C (375°F). Derrite 60g de mantequilla y ½ taza de azúcar en una cacerola.

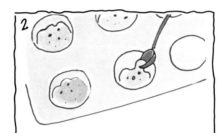

2. Incorpora las pasitas. Pon la mezcla en la base de 12 moldes para muffin.

3. En un tazón cierne la harina y el polvo para hornear. Frota 30g de mantequilla hasta formar migajas.

4. Añade los plátanos y la leche. Mezcla hasta formar una masa suave.

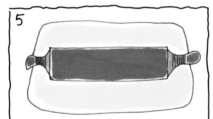

5. Extiende la masa en una superficie enharinada hasta alcanzar 20 x 15 cm de tamaño.

6. Unta la mantequilla derretida y espolvorea el azúcar morena encima.

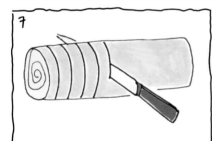

7. Enrolla por el lado más largo. Rebana en 12 piezas.

8. Ponlas con el corte hacia abajo en los moldes. Hornea 12-15 min.

INFORMACIÓN ÚTIL

Las recetas de este libro han sido probadas; utilizan tazas y cucharadas de medidas métricas estándar. Todas las medidas de tazas y cucharadas son rasas. Para todas las recetas utilizamos huevos con un peso promedio de 60 g cada uno.

PESOS Y MEDIDAS

En este libro las medidas métricas y sus equivalentes en el sistema imperial se redondearon para facilitar su uso. Los diferentes cuadros de distintas autoridades varían ligeramente, las siguientes medidas son las que utilizamos en todas las recetas.

CUADRO DE TEMPERATURA DEL HORNO

	°C	°F
Muy lento	120	250
Lento	150	300
Lento moderado	160	325
Moderado	180	350
Moderado caliente	210	425
Caliente	240	475
Muy caliente	260	525

LONGITUD

Métrico	Imperial
5 mm	¼ in
1 cm	½ in
2 cm	¾ in
2½ cm	1 in
5 cm	2 in
8 cm	3 in
10 cm	4 in
12 cm	5 in
15 cm	6 in
20 cm	8 in
25 cm	10 in
30 cm	12 in
46 cm	18 in
50 cm	20 in
61 cm	24 in

MEDIDAS DE TAZAS Y CUCHARADAS

Un conjunto básico de tazas medidoras consiste en 1 taza, ½ taza, ⅓ taza y ¼ taza.

El conjunto básico de cucharadas es de 1 cucharada, 1 cucharadita, ½ cucharadita y ¼ cucharadita.

1 taza	250 ml (8 fl oz)
½ taza	125 ml (4 fl oz)
⅓ taza (4 cucharadas)	80 ml (2 ½ fl oz)
¼ taza (3 cucharadas)	60 ml (2 fl oz)
1 cucharada	20 ml
1 cucharadita	5 ml
½ cucharadita	2.5 ml
¼ cucharadita	1.25 ml

LÍQUIDOS

Métrico	Imperial
30 ml	1 fl oz
60 ml	2 fl oz
100 ml	3 ½ fl oz
125 ml	4 fl oz (1/2 taza)
155 ml	5 fl oz
170 ml	5 ½ fl oz (2/3 taza)
200 ml	6 ½ fl oz
250 ml	8 fl oz (1 taza)
300 ml	9 ½ fl oz
375 ml	12 fl oz
410 ml	13 fl oz
470 ml	15 fl oz
500 ml	16 fl oz (2 tazas)
600 ml	1 pinta (20 fl oz)
750 ml	1 pinta 5 fl oz (3 tazas)
1 l (1000 ml)	1 pinta 12 fl oz (4 tazas)

INGREDIENTES SECOS

Métrico	Imperial
15 g	½ oz
30 g	1 oz
45 g	1 ½ oz
60 g	2 oz
75 g	2 ½ oz
100 g	3 ½ oz
125 g	4 oz
155 g	5 oz
185 g	6 oz
200 g	6 ½ oz
250 g	8 oz
300 g	9 ½ oz
350 g	11 oz
375 g	12 oz
400 g	12 ½ oz
425 g	13 ½ oz
440 g	14 oz
470 g	15 oz
500 g	1 lb (16 oz)
750 g	1 lb 8 oz
1 kg (1000 g)	2 lb

GLOSARIO

Pimiento = pimiento dulce
Maicena = fécula de maíz

ÍNDICE

© *Kids' Cookbook*

Murdoch Books UK Limited
Erico House, 6th Floor North, 93-99 Upper Richmond Road, Putney, London SW15 2TG
www.murdochbooks.co.uk

© 2013, Grupo Editorial Tomo, S.A. de C.V.
Nicolás San Juan 1043, Col. Del Valle, 03100, México, D.F.
Tels. 5575-6615, 5575-8701 y 5575-0186 Fax. 5575-6695
www.grupotomo.com.mx
ISBN-13: 978-607-415-594-5
Miembro de la Cámara Nacional
de la Industria Editorial No 2961

Traducción: Lorena Hidalgo Zebadúa
Diseño de portada: Karla Silva
Formación tipográfica: Armando Hernández
Supervisor de producción: Leonardo Figueroa

Este libro se publicó conforme al contrato establecido entre
Murdoch Books UK Limetd y *Grupo Editorial Tomo, S.A. de C.V.*

Impreso en México - *Printed in Mexico*